El Gran Reset 2021-2030 ¡Expuesto!

¿Pasaportes de Vacunas y Microchips 5G, Mutaciones de COVID-19 o la Próxima Pandemia?

Agenda del WEF - Reconstruir Mejor - El Acuardo Verde Explicado

Rebel Press Media

Descargo de responsabilidad

Nuestros otros libros

Consulte nuestros otros libros para ver otras noticias no divulgadas, hechos expuestos y verdades desacreditadas, y mucho más.

Únase al exclusivo Círculo de Medios de Comunicación de Rebel Press.

Todos los viernes recibirás en tu bandeja de entrada nuevas actualizaciones sobre la realidad no denunciada.

Inscríbase hoy aquí:

https://campsite.bio/rebelpressmedia

Introducción

Toda la humanidad se somete al mayor y más peligroso experimento científico de la historia

Ya en primavera, la posible relación entre el 5G y el coronavirus fue descartada en los medios de comunicación como una teoría conspirativa. Sin embargo, un equipo de científicos italianos, estadounidenses y rusos ha publicado un estudio en el que demuestran que el 5G convierte efectivamente las células de la piel humana en una gran antena. Las ondas electromagnéticas 5G milimétricas pueden ser transmitidas por las células de la piel a otras células, desempeñando así un papel importante en la producción del coronavirus.

La 5G permite construir estructuras similares a los virus en las células humanas

En "La tecnología 5G y la incorporación del coronavirus en las células de la piel", los científicos señalan que el ADN humano está formado por electrones y átomos cargados, y tiene una estructura similar a la de un inductor. Los inductores responden a las ondas electromagnéticas externas y también se mueven y producen algunas ondas adicionales dentro de las células.

Estas ondas son similares a las bases hexagonales y pentagonales de su fuente de ADN. Estas ondas producen una serie de huecos en los fluidos dentro del núcleo (núcleo celular). Para rellenar estos huecos, se producen más bases hexagonales y pentagonales, que pueden combinarse entre sí y formar estructuras similares a los virus, como los coronavirus.

Para producir estos virus en una célula, es necesario que la longitud de onda de las ondas externas sea más corta que el tamaño de la célula. De este modo, las ondas milimétricas 5G pueden ser un buen candidato para construir estructuras similares a los virus, como Covid-19, en las células humanas.

Toda la humanidad sometida al mayor experimento jamás realizado

Los productores de 5G dicen que los haces de alta frecuencia son demasiado débiles para penetrar en el cuerpo humano, y que no hay pruebas científicas sólidas de ningún efecto adverso importante en nuestra salud.

Sin embargo, las pruebas científicas circunstanciales se acumulan, pero no se aceptan (¿todavía?), muy probablemente debido a los grandes intereses comerciales, y presumiblemente también porque el 5G forma parte de una agenda ideológica y geopolítica para someter a toda la población mundial a un control total.

Con la 5G en combinación con las vacunas corona desarrolladas apresuradamente, apenas probadas pero ya compradas, toda la humanidad está sin duda expuesta al mayor y, con mucho, más peligroso experimento científico jamás realizado, y eso con el consentimiento de casi todos los gobiernos. Así que, también en este aspecto, nuestra sociedad se está convirtiendo realmente en un gran campo de concentración.

¿Qué es un virus?

Que un virus no es un organismo vivo, sino simplemente un paquete de información de ADN/ARN, que por tanto parece poder ser activado o afectado por ondas electromagnéticas externas.

El ADN o el ARN sin una célula huésped es como un cuerpo sin cerebro. Está muerto. No hace ni puede hacer nada. Tampoco puede sobrevivir. Encapsulado en una proteína, podría seguir flotando de A a B, pero sólo puede hacerlo en la más absoluta oscuridad. Con una

minúscula luz ultravioleta, el ADN o el ARN desaparecen
y se descomponen".

Índice de contenidos

Capítulo 1: El despliegue

Los gobiernos quieren impulsar el 5G porque permite rastrear y vigilar a los ciudadanos 24/7/365

El número de científicos que tienen grandes reservas sobre la introducción del 5G no deja de crecer. El epidemiólogo británico John William Frank, de la Universidad de Edimburgo, pide que se suspenda por el momento el despliegue del 5G en todo el mundo, hasta que se confirme y demuestre de forma independiente que la tecnología es segura y no supone ningún peligro para la salud. Hasta ahora, los gobiernos se han basado casi exclusivamente en los estudios de las grandes empresas tecnológicas (o patrocinados por ellas) y, por supuesto, nunca pondrán en riesgo sus multimillonarios beneficios rechazando sus propios productos.

El profesor Frank no está en contra de la 5G, pero cree que se ha investigado demasiado poco sobre ella. Por eso sostiene que es mejor pecar de precavido y congelar el despliegue de los nuevos sistemas de tráfico de datos móviles por ahora.

Hay muchas más antenas y mucha más radiación CEM.

Frank, al igual que muchos otros académicos, escribe en el Journal of Epidemiology & Community Health que la principal amenaza de la 5G es la enorme densidad de antenas necesaria para estas frecuencias extremadamente altas. Cada pocas farolas hay que colocar una nueva antena, exponiendo a las personas a una radiación electromagnética (CEM) aún mayor. Una comisión federal de especialistas en Estados Unidos ha reconocido los daños a la salud que pueden causar las redes existentes, como el 4G y el WiFi.

A pesar de ello, según el profesor, casi no se han realizado investigaciones epidemiológicas creíbles sobre el impacto del 5G en la salud humana. Además, el 5G no solo emplea frecuencias considerablemente más altas, sino también una tecnología de apoyo totalmente nueva para manejar volúmenes masivos de datos. Para que el 5G funcione, deben colocarse miles de millones de antenas y amplificadores de señal cada 100 o 300 metros en todo el planeta. Los próximos 3.236 satélites 5G de Amazon, así como los entre 12.000 y 30.000 que Elon Musk planea poner en órbita, pronto cubrirán zonas en las que las antenas son inconcebibles.

'Un número creciente de ingenieros, científicos y médicos de todo el mundo están instando a los países a elevar sus normas de seguridad de los CEM de radiofrecuencia, a encargar más y mejores investigaciones y a detener el aumento de la exposición pública hasta que haya pruebas más sólidas de que es segura.'

El principio de precaución dicta que se detenga el despliegue del 5G.

El profesor Frank no está convencido de que la 5G y otros CEM sean perjudiciales para la salud y el medio ambiente, a pesar de que la OMS y una serie de expertos en tecnología afirmen lo contrario. Cree que la propagación del 5G debería detenerse inmediatamente debido al "principio de precaución". No hay que correr riesgos innecesarios cuando se trata de la salud humana. Esa premisa debería ser motivo suficiente para "declarar la prohibición de esa exposición (al 5G), a la espera de una investigación científica adecuada sobre los supuestos riesgos para la salud".

Continúa explicando que no hay ninguna necesidad imperiosa de desplegar la 5G a gran velocidad en términos de salud y seguridad pública. Se hace sobre todo porque la nueva tecnología supondrá un importante impulso para la industria de las grandes tecnologías. Con la red 4G existente, los consumidores no tienen escasez de conexiones rápidas de datos móviles.

Los gobiernos quieren que el 5G se implante cuanto antes para tener un control global completo.

Frank se olvida de añadir que los gobiernos están tan interesados en la 5G como los gigantes de la tecnología y los medios de comunicación. La Fundación Bill y Melinda Gates y el brazo de desarrollo tecnológico del Pentágono, DARPA, se han asociado con la empresa tecnológica Profusa para desarrollar un biosensor nanotecnológico implantable hecho de hidrogel (una sustancia similar a una lente de contacto blanda) que puede inyectarse junto con una vacuna y aplicarse justo debajo de la piel, donde realmente se fusiona con su cuerpo. Toda la información sobre usted, su cuerpo y su salud podrá controlarse a distancia gracias al componente nanotecnológico.

Como resultado, el 5G permite un sistema de control totalitario global con el que las dictaduras del pasado sólo podían soñar. Permitirá que la ubicación, los movimientos y las acciones de cualquier persona -y, en un futuro no muy lejano, los pensamientos y las emociones- sean rastreados, vigilados y manipulados las 24 horas del día, los siete días de la semana, mientras que toda la información personal, como el estado de vacunación y los saldos bancarios, será accesible al instante. A este sistema están vinculadas innumerables cámaras de vigilancia con reconocimiento facial y comprobación de la situación social y crediticia, así como el sistema de Microsoft (con número de patente 2020-060606) que convierte tu propio cuerpo en un medio de pago (y prueba de identificación/vacunación) que ya está en fase de pruebas.

Según algunos, se necesita una distancia de al menos un metro y medio para que este sistema funcione correctamente, porque las señales pueden interrumpirse si los cuerpos están demasiado cerca. No está claro si esto es cierto, pero sin el distanciamiento social, a las cámaras de vigilancia (e incluso a los smartphones) les resultará mucho más difícil escanear en tiempo real todas las frentes de una multitud en busca de la presencia de la enzima fluorescente M-Neongreen / Luciferase, la marca inyectada que en el futuro podría servir como prueba de que has sido debidamente vacunado y, por tanto, tienes acceso a la sociedad.

¿Hay una teoría de la conspiración?

Dado que múltiples científicos y otros profesionales llevan meses afirmando que 1,5 metros no suponen ninguna diferencia en la supuesta transmisión de un virus, ya es hora de que más gente se pregunte por qué la "separación social" debe seguir imponiéndose sin cesar. Por desgracia, ciertas extrañas teorías conspirativas, como que el 5G desencadenaría el coronavirus, y hechos terribles, como prender fuego a las torres de transmisión, han contaminado las preocupaciones reales al 5G (¿intencionadamente?).

Los políticos, la industria tecnológica y todos los medios de comunicación y las revistas que dependen unos de otros de alguna manera invariablemente afirman que todas estas son "teorías de la conspiración" desacreditadas, pero cuando incluso la venerable Scientific American publicó un artículo el 17 de octubre de 2019 con el titular "No tenemos ninguna razón para creer que el 5G es seguro - Contrariamente a lo que algunos dicen, puede haber riesgos para la salud,"

Capítulo 2: Biosensores nanotecnológicos 5G

'Biosensor nanotecnológico implantable ya en 2021 en las vacunas Covid-19' La humanidad que evoluciona hacia lo transhumano en el futuro se integra con el sistema de control digital global.

DARPA, la rama de desarrollo tecnológico del Pentágono, y la Fundación Bill y Melinda Gates están trabajando con Profusa para desarrollar un biosensor nanotecnológico implantado construido con hidrogel (sustancia similar a una lente de contacto blanda). Este biosensor, del tamaño de un grano de arroz, se inyecta con una vacuna y se coloca justo debajo de la piel, donde se funde con el cuerpo. A través de la 5G, el componente nanotecnológico permite controlar a distancia toda la información sobre uno mismo, su cuerpo y su salud.

Es probable que la FDA apruebe el biosensor, que también puede recibir información y órdenes, a principios de 2021, justo a tiempo para la campaña mundial de vacunación contra el virus Covid-19 prevista.

En marzo, DefenseOne informó sobre un biosensor de hidrogel que "se inserta bajo la piel con una aguja hipodérmica". Contiene, entre otras cosas, una molécula específicamente diseñada que emite una señal fluorescente una vez que el cuerpo comienza a combatir una infección. Esta señal es detectada por el componente electrónico adherido a (/en) la piel, que posteriormente transmite una advertencia a un médico, un sitio web o una agencia gubernamental. Es básicamente un laboratorio de sangre basado en la piel que puede detectar la respuesta del cuerpo a la enfermedad incluso antes de que aparezcan otros signos como la tos".

Todos los procesos fisiológicos se monitorizan mediante biosensores y se transmiten por 5G.

El biosensor no será percibido como un intruso por el cuerpo ni será atacado como resultado de su uso del hidrogel, sino que se integrará con él. Según el fabricante, el sensor también puede rastrear los niveles hormonales, el ritmo cardíaco, la respiración, la temperatura corporal, la vida sexual, las emociones y cualquier otra cosa. Todos estos datos se entregarán pronto a todas las autoridades médicas y gubernamentales a través del 5G.

Profusa trabaja ahora en un estudio con el Imperial College, que se hizo famoso por sus ridículas previsiones de catástrofe sobre Covid-19, que rápidamente se demostraron completamente falsas. Los bloqueos, el aislamiento social y el consiguiente colapso parcial de la economía, así como la supresión de muchas libertades civiles, se fundamentaron en ellos.

El ser humano transhumano está integrado en el sistema de control digital global

El biosensor, que podría incorporarse a las vacunas Covid-19 ya en 2021, está muy cerca de hacer realidad la aspiración de un humano transhumano, en el que todos sean totalmente controlables e incluso dirigibles. El "nuevo humano", o el humano 2.0 tal y como lo concibe la élite tecnológica en torno a Bill Gates y Elon Musk, se transformará gradualmente en una especie de cíborg de aquí a 2025-2030, y se convertirá en parte integrante -y por tanto irreversible- de un sistema de control digital global, en el que las libertades personales habrán desaparecido por completo, e incluso se habrá eliminado el libre albedrío humano.

Capítulo 3: Protestas por el pasaporte de vacunas

Más de 70 parlamentarios se manifiestan contra esta "trampa atroz

En una carta abierta al Primer Ministro Boris Johnson, más de 1.200 líderes cristianos británicos le pidieron que no adoptara los pasaportes de prueba y vacunación.

De hecho, la califican como "la propuesta más peligrosa de la historia", ya que equivale a "una forma de presión poco ética" para obligar a la gente a someterse a las pruebas Covid-19 o a vacunarse.

Varias denominaciones, entre ellas la anglicana y la católica, tienen líderes en la iglesia. Creen que los pasaportes de prueba y vacunas son el precursor de un "estado de vigilancia", un estado de control totalitario, y que acabarán con lo que queda de la democracia liberal.

El gobierno de Londres mantiene que no se ha tomado una decisión definitiva, pero todos los indicadores apuntan a que estos pasaportes de prueba/vacunación llegarán pronto, al igual que en Europa.

Al principio se comercializarán como un pasaporte a una mayor "libertad" (restauración, eventos, compras, etc.), pero a medida que se vayan imponiendo, las

normas serán cada vez más estrictas, y acabarán
eliminando por completo de la sociedad a las personas
no sometidas a pruebas y no vacunadas.

**El "apartheid médico" es un término utilizado para
describir un sistema de discriminación médica.**

Según los líderes de la Iglesia, este tipo de pasaportes
da lugar a un "apartheid médico... Establece un estado
de vigilancia en el que el gobierno controla ciertas
partes de la vida de los ciudadanos a través de la
tecnología. En el transcurso de unos años, ese "cierto"
amenaza con ampliarse a TODOS los ámbitos.

Se trata de una de las ideas políticas más peligrosas de
la historia de la política británica", advierten los líderes
eclesiásticos, que subrayan que nunca negarán el
acceso a sus iglesias a quienes carezcan de ese
pasaporte, independientemente de la decisión del
Gobierno.

**"Discriminación" y "trampa horrible" son dos palabras
que me vienen a la mente.**

Más de 70 legisladores británicos protestaron
abiertamente a principios de este mes contra los
pasaportes de prueba/vacunación previstos. Afirman
que la necesidad de mostrar dicha prueba para entrar
en un bar, por ejemplo, es discriminatoria. Además,
crea más divisiones sociales. (En cualquier caso, todo el

planteamiento de Occidente se basa en el "divide y vencerás").

El diputado conservador Steve Baker llegó a calificar estos pasaportes de "trampa desagradable". El líder laborista Sir Keir Starmer expresó su "gran alarma" por esta nueva forma de discriminación que se avecina.

Capítulo 4: ¿Golpes asesinos?

Las bajas concentraciones de la proteína de la espiga ya han modificado el sistema respiratorio e inmunológico de las personas vacunadas - Los indicios de que las personas vacunadas pueden ser un peligro para las no vacunadas son cada vez más fuertes -

Un gobierno que se preocupe por su salud suspendería las vacunas de inmediato.

Las críticas a las vacunas Covid-19 también provienen de la ciencia activa establecida.

El Dr. Lee Makowski, director del departamento de bioingeniería de la Universidad del Noreste, advierte en la revista Viruses que cada vez hay más pruebas de que la proteína de la espiga, que produce el cuerpo humano en la instrucción de TODAS las vacunas de la corona, puede causar importantes daños a la salud e incluso la muerte.

Los políticos, los medios de comunicación y organismos como el CDC y la WHF afirman que la proteína de la espiga es "inofensiva" y que las vacunas Covid que hacen que el cuerpo produzca esta proteína son "seguras".

Sin embargo, un número cada vez mayor de científicos en activo están viendo cada vez más evidencias y pruebas de que es justo lo contrario.

"¿Daños, infecciones graves y muertes por estas vacunas?

El título del artículo del Dr. Makowski en la revista Viruses lo dice todo:

"¿Las vacunas Covid, diseñadas para crear inmunidad a la proteína de la espiga, causan en cambio daños, infecciones graves y la muerte?

Los investigadores descubrieron que, incluso en bajas concentraciones, la proteína spike induce cambios genéticos en el tracto respiratorio y afecta directamente a la respuesta del sistema inmunitario a la inflamación y a los virus. De hecho, según el Dr. Makowski, parece que sólo la proteína spike es responsable de los ahora infames coágulos de sangre, en lugar del (supuesto) virus SARS-CoV-2 en sí.

Si esto es confirmado por más científicos, entonces las vacunas Covid-19 -que independientemente de su modo de acción (ARNm, adenovirus/vector viral, ADN) todas codifican la proteína de la espiga- son aún más peligrosas para la salud humana de lo que los científicos críticos ya sospechaban desde el año pasado.

¿Se están convirtiendo las personas vacunadas en focos de infección ambulantes?

Además, cada vez es más plausible que el Dr. Lee Merritt tenga razón y que la proteína de la espiga producida en las personas vacunadas sea transmisible a otras. En otras palabras, las personas vacunadas se convierten en fábricas ambulantes de picos, y por lo tanto también podrían infectar a las personas no vacunadas con una enfermedad autoinmune dañina y potencialmente mortal.

Los científicos del Instituto Sloan Kettering hacen otra advertencia igual de grave: el ARNm de las vacunas puede hacer que se supriman las proteínas que impiden el desarrollo del cáncer. Así, las vacunas Covid aumentan el riesgo de contraer cáncer.

El Dr. Whelan de la UCLA advirtió a la FDA de los graves daños a la salud

En diciembre de 2020, el Dr. J. Patrick Whelan, de la UCLA, advirtió a la FDA de EE.UU. que la "proteína viral de la espiga que es el objetivo de las importantes vacunas Covid es también una de las principales sustancias que causan daños en órganos más distantes, posiblemente incluyendo el corazón, los pulmones y los riñones".

El Dr. Whelan explicó que no es el virus, sino la proteína de la espiga, la responsable de que algunas personas tengan tantas dificultades para recuperarse de Covid-19, y que a menudo sigan teniendo problemas de salud a largo plazo, incluidos problemas cardíacos.

Esto se debe a que la proteína de la espiga se une a los receptores de la ECA-2 en el corazón, y también en el cerebro y otros órganos como el hígado y los riñones. Esto puede dañar incluso los vasos sanguíneos más pequeños.

Por lo tanto, Whelan ha dejado claro a la FDA que la proteína de la espiga "en" las vacunas causa graves problemas de salud.

Los patólogos y los dentistas también señalan a la proteína de la espiga como culpable

El Dr. Richard Vander Heide, profesor de patología de la Universidad Estatal de Luisiana, realizó las autopsias de las muertes de Covid-19 y llegó a la misma conclusión: los coágulos de sangre, de los que están llenos algunos de los fallecidos, están causados por la proteína de la espiga.

Las personas con sobrepeso corren un riesgo especial, ya que suelen padecer una inflamación crónica.

Incluso los dentistas están dando la alarma. Ven que pacientes que antes estaban sanos ahora tienen inflamación de las encías, y creen que la proteína del pico es la culpable.

Pfizer está experimentando incluso con niños, bebés y niños pequeños

23

Un médico californiano de 40 años especializado en medicina del embarazo describió que la primera dosis de la vacuna de Pfizer en una paciente "mató al feto", provocando que la mujer abortara seis días después.

Mientras tanto, el fabricante de vacunas Pfizer sigue demostrando que ya no tiene límites éticos.

Incluso los niños están siendo utilizados como conejillos de indias para sus "vacunas" experimentales de terapia génica. Un niño de dos años ya ha muerto por esta causa.

Se sabe desde hace años que el ARNm puede ser inhalado

Se sabe desde hace años que el ARNm puede exhalarse e inhalarse, y de esta forma puede servir de vacuna pasiva. "¿Significa esto que la proteína Covid spike, producida por el cuerpo humano después de haber sido vacunado, puede escapar a través del aliento e infectar a personas no vacunadas?", se pregunta el Dr. Mark Sircus, profesor de oncología natural.

'Es un pensamiento terrible que los lunáticos que crearon el virus con experimentos de "ganancia de función" vayan de la mano de lunáticos similares en la industria farmacéutica que están utilizando su vacuna para propagar las proteínas de la espiga aún más ampliamente en la población humana.'

Un gobierno que se preocupa por tu salud dejaría de vacunar inmediatamente

Me parece obvio que cualquier gobierno que realmente tenga la salud de la gente en el corazón declararía una moratoria en todas las vacunas Covid ahora mismo, al menos hasta que se hayan realizado más investigaciones en todo el mundo, antes de que estas vacunas terminen realmente en una matanza mortal como el mundo nunca ha visto antes.

Sin embargo, lo cierto es lo contrario. El gobierno europeo está trabajando en una serie de enmiendas (constitucionales) que deberían hacer permanente la privación de nuestra libertad y derecho de autodeterminación, así como allanar el camino para la vacunación obligatoria.

Si se llega a esto, probablemente sólo podamos concluir que nuestro propio gobierno se ha declarado el mayor enemigo de la salud pública, y está ayudando a sabiendas a llevar a cabo un potencial genocidio. Sólo podemos esperar que haya suficientes políticos y parlamentarios en Bruselas que (de nuevo) escuchen a su conciencia. Algunos responsables políticos parecen haber perdido definitivamente su capacidad de hacerlo.

Capítulo 5: ¿Protesta = Terrorismo?

Nadie quiere oírlo, a nadie se le permite decirlo, pero todo el mundo sabe en qué puede acabar esto.

Mientras Europa avanza a toda máquina hacia la implementación de la discriminación oficial dividiendo a la sociedad en "buenos" (probados/vacunados) y "malos" (no probados/no vacunados), en Estados Unidos se está lanzando la primera bola de lo que es el objetivo final de cosas como los pasaportes de vacunas: la eliminación completa de los "malos" de la sociedad. La conocida revista Nature ha publicado un llamamiento a la ONU y a todos los gobiernos para que tomen medidas contundentes para detener la "agresión antivacunas". Así es como usted, como persona no vacunada, pronto será visto y tratado: como un terrorista.

El fascismo de maníacos asesinos como Hitler y Stalin está regresando por completo. El pediatra tejano Peter Hotez se ha convertido en un ídolo de la corona tan extremo que equipara a las personas que critican las vacunas con los ciberdelincuentes y el terrorismo nuclear. Utilizando un lenguaje abiertamente bélico, llama a una "contraofensiva" de los gobiernos para atacar y silenciar a cualquiera que se oponga a las vacunas.

Contraofensiva contra las nuevas fuerzas destructivas

Detener la propagación del coronavirus requiere una contraofensiva de alto nivel contra las nuevas fuerzas destructivas", escribe Hotez. Los esfuerzos deben extenderse a las áreas de ciberseguridad, aplicación de la ley, educación pública y relaciones internacionales. Un grupo de trabajo interinstitucional de alto nivel que dependa del secretario general de la ONU podría hacer un balance del impacto global de la agresión antivacunas y proponer medidas duras y equilibradas".

Este grupo de trabajo debería incluir expertos que hayan abordado complejas amenazas globales como el terrorismo, los ciberataques y el armamento nuclear. De hecho, la anticiencia se está acercando a un nivel de amenaza similar. Cada vez está más claro que se necesita una contraofensiva para promover la vacunación".

La policía y el ejército contra los opositores a las vacunas

Hotez habla de "ataques selectivos a científicos" supuestamente cometidos por los antivacunas, pero no cita ni un solo ejemplo concreto. Para detener esta "agresión" ficticia, aboga literalmente por ataques selectivos (armados) contra los antivacunas. De hecho, quiere que el gobierno utilice a la policía y al ejército para hacer frente a los críticos y a los que rechazan las vacunas, en realidad personas que se niegan a participar en estos experimentos de manipulación genética, que, según las estadísticas oficiales de la UE, ya han causado un enorme número de víctimas.

Al hacer este escandaloso llamamiento, Nature, que ya estaba completamente en el bolsillo de la mafia internacional de las vacunas, que ahora está llevando a cabo un monstruoso experimento genocida sobre toda la humanidad con la ayuda de casi todos los gobiernos, ha perdido su credibilidad de una vez por todas.

La violencia brusca contra las personas "equivocadas" vuelve a considerarse correcta

Evidentemente, se vuelve a considerar que la violencia burda contra hombres, mujeres y niños inocentes está bien. Llevamos años advirtiendo del regreso e incluso la superación de los años 30 y 40, y ahora está ocurriendo. Si esto no se detiene, si la gente no se levanta en masa contra este posible peor crimen contra la humanidad de todos los tiempos, va a terminar irremediablemente como en los años 40, es decir, con "instalaciones" en las que se encierra y encierra a las personas "equivocadas" no deseadas para que el resto de la sociedad pueda volver a comportarse de forma "segura".

O lo que es lo mismo: con campos de concentración.

Mientras la gente siga negando que es posible que se repita esta horrible historia, mientras la gente se niegue a afrontar los escalofriantes paralelismos con la

Alemania nazi, las fuerzas globalistas de la vacunación podrán continuar sin obstáculos.

Los rusos lo han vuelto a hacer

Y "por supuesto" también según Hotez "los rusos" están detrás de toda la "desinformación de la vacuna". Entonces olvidamos por un momento que Rusia fue uno de los primeros en desarrollar una vacuna y comenzar a administrarla a su población.

No importa, porque desde el año pasado los medios de comunicación occidentales también se han deshecho definitivamente de su última pizca de fingida independencia y objetividad, e incluso están orgullosos de funcionar como los órganos de propaganda del establishment occidental y del culto globalista de la vacuna climática. Por cierto, hemos estado escribiendo durante años que "los rusos" serán culpados por casi todo, y eso tiene el propósito de conseguir que usted esté de acuerdo -incluso que pida- la planeada Tercera Guerra Mundial contra Rusia, y muy probablemente también contra China.

La humanidad gobernada por monstruos sin escrúpulos

Monstruos sin escrúpulos están al mando de la humanidad, que, mediante la obediencia ciega y la docilidad incondicional, se está convirtiendo ella misma paso a paso en un monstruo igualmente sin escrúpulos.

Todavía no es demasiado tarde, pero queda muy poco tiempo para detener las pruebas y los pasaportes de vacunación obligatorios, seguidos por las pruebas y las vacunas obligatorias, y luego el encarcelamiento y la eventual eliminación de los no vacunados "equivocados" - a los ojos de Hotez los nuevos "terroristas".

Capítulo 6: Supresión del sistema inmunitario

Covid-19 es "principalmente una enfermedad vascular", según los investigadores - Circulation Research: La lesión pulmonar se ve favorecida por la proteína de la espiga - Su sistema inmunitario trabaja contra usted para protegerle de la vacuna.

En una publicación científica, los investigadores del famoso Instituto Salk, fundado por el pionero de las vacunas Jonas Salk, admiten indirectamente que las vacunas Covid inducen coágulos sanguíneos que ponen en peligro la vida y dañan tanto los vasos sanguíneos como el sistema inmunitario.

A principios de esta semana señalamos que cada vez más científicos de renombre opinan que las vacunas son el mayor peligro para la salud humana.

Miles de europeos y estadounidenses ya han pagado con sus vidas, y cientos de miles con su salud, su participación "voluntaria" en el mayor experimento "médico" de la historia.

En Occidente, todas las vacunas Covid programan el cuerpo humano para crear la proteína de la espiga, el elemento más letal del supuesto virus SARS-CoV-2, con el objetivo de blindar a los humanos contra las consecuencias dañinas de la proteína de la espiga.

En pocas palabras, hacemos que su cuerpo fabrique algo dañino para que genere anticuerpos contra ese mismo peligro, pero no tenemos idea de cómo o si este proceso se detendrá alguna vez.

Entonces, ¿por qué no correr el "riesgo" de contraer el virus, que se ha demostrado que no enferma al 99,7% de la población, si es que lo hace? No, en 2021, esa línea de razonamiento racional, históricamente no controvertida, resulta de repente tan anticuada. Ya no podemos confiar en nuestro sistema inmunológico natural y debemos confiar en lo que se administra a través de una jeringa.

La Covid-19 es sobre todo una enfermedad vascular", afirma el investigador.

La industria de la vacunación, los políticos y los medios de comunicación siguen insistiendo en que la proteína de la espiga es segura, pero el Instituto Salk ha establecido ahora que no es así. Por el contrario, los investigadores del Salk y otros colegas científicos advierten en la publicación "La proteína de la espiga del nuevo coronavirus desempeña un papel extra crucial en la enfermedad" que la proteína de la espiga daña las células, "confirmando que el Covid-19 es en gran medida una enfermedad vascular."

¿Otra proteína de punta que se ha cobrado tantas vidas?

Por supuesto, los científicos de Salk tienen prohibido criticar directamente las vacunas. Por eso, según su artículo, la proteína de espiga producida por las vacunas se comporta de forma muy diferente a la producida por el supuesto virus.

Para empezar, esto contradice todas las afirmaciones de los fabricantes de vacunas de que sus vacunas crean la misma proteína de espiga. En segundo lugar, pone en duda la eficacia de las vacunas, porque si la proteína de espiga producida por las vacunas difiere significativamente de la producida por el virus, ¿qué sentido tiene la vacunación (suponiendo, por el momento, que estas "vacunas" diseñadas genéticamente funcionen)?

En el lado positivo, incluso los científicos pro-vacunas aceptan ahora que la proteína del pico es la culpable de un gran número de muertes y de personas que sufren importantes efectos secundarios y daños a la salud a largo plazo, a menudo permanentes. En otras palabras, es una admisión implícita de que las vacunas Covid-19 son potencialmente mortales.

La proteína de la espiga provoca lesiones pulmonares, según una investigación publicada en Circulation Research.

"La proteína de la espiga SARS-Cov-2 perjudica la función endotelial al inhibir la ACE-2", según un estudio científico publicado en Circulation Research. El interior del corazón y los vasos sanguíneos están revestidos de células edoteliales. Al disminuir los receptores de la ECA-2, la proteína spike "favorece la lesión pulmonar". Las células endoteliales de las arterias resultan dañadas y, en consecuencia, el metabolismo se ve alterado.

Los autores de este estudio también estaban a favor de la vacunación, afirmando que los "anticuerpos generados por la vacuna" pueden proteger al cuerpo de la proteína de la espiga. Esencialmente, la proteína de la espiga puede causar un daño significativo a las células vasculares, y el sistema inmunitario puede contrarrestar este daño combatiendo la proteína de la espiga.

El sistema inmunológico está tratando de protegerte CONTRA la vacuna

En otras palabras, el sistema inmunitario humano se esfuerza por defender al paciente de los efectos negativos y las reacciones contrarias de la vacuna para evitar que muera. Cualquiera que sobreviva a la vacuna Covid lo debe a la protección de su propio sistema inmunitario CONTRA la vacuna, no a la vacunación en sí.

'La vacunación es el arma', concluye Mike 'Natural News' Adams. 'Su sistema inmunológico le protege. Todas las vacunas Covid deberían ser retiradas del mercado inmediatamente y reevaluadas por sus efectos negativos a largo plazo basándose únicamente en esta investigación.'

Según las estadísticas oficiales del VAERS, el número de muertes relacionadas con las vacunas en Estados Unidos en 2021 será casi un 4000 por ciento más que el número total de muertes relacionadas con las vacunas en 2020.

La santa vacuna no tiene la culpa de un infarto o una hemorragia cerebral.

El siguiente mecanismo ha sido probado científicamente y ya está establecido: las vacunas Covid-19 incitan a su cuerpo a producir la proteína de la espiga, que puede causar daños vasculares y coágulos de sangre, que pueden desplazarse por todo el cuerpo y acabar en varios órganos (corazón, pulmones, cerebro, etc.). A las personas que mueren como consecuencia de esto se les dice que han tenido un "ataque al corazón", un "coágulo de sangre" o una "hemorragia cerebral"; nunca se puede ni se debe culpar a las sacrosantas vacunas, por muchas pruebas que haya hoy en día que demuestren que son las principales razones.

Los vacunados parecen ofrecer un riesgo a los no vacunados, además de la posibilidad de un daño permanente o mortal para su propia salud. Muchos de los "wappies" de la corona que se han vacunado recientemente se han transformado en "fábricas de púas" andantes, y ahora pueden exhalar estas proteínas de las púas. Pueden así infectar a otros a través de este proceso de "desprendimiento".

Las vacunas contra las armas biológicas fueron creadas por la administración del apartheid contra la población negra.

Las vacunas se han utilizado durante mucho tiempo como armas biológicas contra el público en general. El Gobierno del Apartheid de Sudáfrica creó la tecnología subyacente a dicha vacuna "autorreplicante". Los científicos estaban desarrollando vacunas "raciales" en ese momento, con el objetivo de erradicar a gran parte de la población negra.

Este año, la Escuela de Salud Pública Johns Hopkins Bloomberg propuso utilizar una vacuna autorreplicante para "vacunar" automáticamente a toda la población mundial. Posteriormente se utilizarían drones y robots de IA para aplicar y supervisar el programa.

Las personas que todavía están ansiosas por inscribirse en un callejón de vacunas para ser modificadas genéticamente para generar una proteína de punta potencialmente mortal parecen haber sido totalmente engañadas por los medios de comunicación y los políticos del sistema. Han sido insensibilizados ante todas las advertencias y las montañas de pruebas, y no pueden creer que el mundo esté siendo gobernado por monstruos sin escrúpulos que no tienen ningún reparo en cometer el genocidio potencialmente más grande de la historia de la humanidad.

Capítulo 7: Pasaportes y fichas

Una entrevista de 2016 con el alto directivo del FEM Klaus Schwab, en la que predice que "dentro de 10 años" se adoptará una tarjeta sanitaria mundial obligatoria y todo el mundo tendrá implantados microchips, se suma a la prueba de que la edición de Covid-19 se preparó minuciosamente.

Al parecer, Schwab estaba trabajando en un plan hace al menos cinco años para crear un enorme brote de virus y explotarlo para establecer pasaportes sanitarios y vincularlos a pruebas y vacunas obligatorias, todo ello según el enfoque problema-reacción-solución. El objetivo es tener un control total sobre toda la población humana del planeta.

Dentro de 10 años, tendremos microchips implantados", dijo Schwab hace cinco años.

En 2016, un entrevistador francófono le preguntó: "¿Estamos hablando de chips implantables?" "¿Cuándo va a ocurrir?

Por supuesto, en los próximos diez años", dijo Schwab. Empezaremos poniéndolos en la ropa'. Después podemos imaginarnos implantándolos en nuestro cerebro o en nuestra piel'. El capataz del FEM comentó entonces su visión de la "fusión" del hombre y la máquina.

'En el futuro, podremos comunicarnos directamente entre nuestro cerebro y el mundo digital'. Observamos una fusión de los mundos físico, digital y biológico'. En el futuro, la gente sólo tendrá que pensar en alguien para poder comunicarse directamente con él a través de la "nube".

No habrá más personas biológicas con ADN natural en el mundo transhumanista, que finalmente se convertirá en totalmente "digital". La "nube" se utilizará para almacenar los datos de todos.

La humanidad ha comenzado a ser reprogramada genéticamente.

El orden económico actual será destruido por el "Gran Reset" de Schwab ("Build Back Better"). El inminente colapso financiero será aprovechado para lanzar un nuevo sistema global basado únicamente en dinero y transacciones digitales. Este nuevo sistema estará conectado a todo el mundo gracias a la tecnología 5G. A los que se nieguen se les prohibirá "comprar y vender", es decir, la vida social.

A finales de la década de 2020, las "vacunas" de ARNm de Covid-19 comenzaron a programar y manipular genéticamente a la humanidad con el fin de hacerla "apta" para ser primero vinculada, y luego integrada, con este sistema digital global, que, como saben, creo que es el reino bíblico de "la Bestia".

Estas vacunas que alteran los genes tienen el potencial de eliminar tu libre albedrío y tu capacidad de pensar por ti mismo, así como tu deseo y capacidad de conectar con el reino espiritual.

Perspectiva cristiana: La humanidad está apartada de Dios

Desde una perspectiva cristiana, la reprogramación del ADN humano a través de estas vacunas puede verse como el último intento de Satanás de separar permanentemente a la humanidad de Dios. Esta parece ser la verdadera explicación de la advertencia del libro profético de la Biblia, el Apocalipsis, de que los individuos que lleven esta "marca" perecerán.

Esto no es simplemente por un chip y una sucesión de pinchazos; es por lo que esos pinchazos harán a y en ti. Como resultado, Dios será incapaz de salvar a aquellos cuyas mentes (libre albedrío) han sido reprogramadas a la obediencia total ("adoración"). Eso hará necesaria su intervención, porque de lo contrario, la humanidad en su conjunto se perderá para siempre.

Las falsas enseñanzas han cegado a una gran parte del cristianismo.

El aspecto esencial de este artero complot, que ha estado en los trabajos durante mucho tiempo, fue la infiltración del cristianismo con una serie de falsas enseñanzas, con el objetivo de mantener a los creyentes ciegos hasta el final de los tiempos en preparación para el advenimiento y establecimiento del gobierno de la Bestia.

De hecho, entre decenas y cientos de millones de cristianos, sobre todo en Occidente, creen que nunca tendrán que vivir este periodo. Incluso ahora, cuando la implementación de este sistema ha comenzado, la mayoría de la gente se niega a aceptarlo. Con sus puntos de vista a favor de la vacunación, la mayoría de los partidos e iglesias cristianas están cooperando abiertamente en este "Gran Restablecimiento" al dominio de "la Bestia". En términos teológicos, el Vaticano es el conductor más poderoso y convencido de esto.

'¡Pero si nos han engañado!' no es una excusa.

¿Quizás un paralelismo bíblico pueda ayudar a algunos a entenderlo? Génesis 3, el relato de la creación y la 'Caída', tal como se nos cuenta hoy: La serpiente persuadió a Adán y Eva de que no podían 'comer' la 'manzana', en este caso la señal, es decir, que no se la pincharan (prueba de la raíz de 'la señal': charagma = arañar/algo con una aguja = pinchar), pero la serpiente los persuadió de que esta señal no los condenaría, sino que los convertiría en 'dioses'. Después de ser persuadidos por esta falsedad, sus quejas contra Dios ('¡pero si nos han mentido!') fueron inútiles, y murieron lenta y dolorosamente. Podían y debían haberlo sabido, por lo que no tenían justificación.

Aceptar "la señal", según la Biblia, conlleva una consecuencia aún peor: la muerte eterna. Permitir que te modifiquen genéticamente con vacunas de ARNm y que luego te integren en una red digital global, renunciando así a todo el control sobre tu cuerpo y tu libre albedrío, dependerá de cada individuo decidir si el peligro merece la pena.

Capítulo 8: No más libertad

La Administración Federal de Seguridad y Salud en el Trabajo (OSHA) de EE.UU. está advirtiendo a los empresarios de que serán responsables de cualquier daño a la salud de sus empleados si se les exige que se vacunen contra el Covid-19. Esto podría convertirse en una cuestión complicada también en Europa, ya que el gobierno ha rechazado de antemano toda responsabilidad gubernamental y la ha puesto en el plato de los proveedores de atención sanitaria. Si al final ningún organismo quiere asumir la responsabilidad, entonces, a la vista de los derechos humanos, no es posible que estas vacunas se conviertan directa o indirectamente en una condición para conseguir o tener un trabajo, o para acceder a edificios y eventos, como se pretende ahora.

Si un trabajador estadounidense se ve obligado a ser inyectado con estas terapias genéticas experimentales de ARNm empaquetadas como "vacunas" y posteriormente queda ciego o paralizado, o incluso muere, esta lesión se considerará "relacionada con el trabajo", lo que hará responsable a su empleador. Las directrices también establecen que los empleadores están obligados a registrar los efectos secundarios (graves) y las reacciones adversas tras las vacunas Covid en sus empleados.

La nueva directiva de la OSHA se publicó el 20 de abril, y fue una respuesta a las empresas e instituciones que habían anunciado que todos sus empleados estarían obligados a vacunarse, como la red del Hospital Metodista de Houston. Los que se nieguen serán primero suspendidos, y después despedidos.

Las vacunas sólo tienen autorización de emergencia

Se espera que esta organización hospitalaria y muchos otros empleadores sean demandados si siguen estos planes y sus empleados enferman o mueren posteriormente. Según el sistema de registro VAERS, casi 200.000 estadounidenses ya han sufrido daños en su salud a causa de las vacunas Covid-19, y casi 4.000 han muerto. Casi 20.000 han sufrido daños graves (a largo plazo o permanentes) (enfermedades autoinmunes, parálisis, ceguera, la enfermedad muscular ALS, Creutzfeld-Jakob, Alzheimer, etc.).

America's Frontline Doctors (AFLDS) advierte que las vacunas -al igual que en Europa- sólo tienen una licencia temporal de emergencia, y por esa sola razón no pueden ser impuestas a nadie. 'La autorización de emergencia de la Administración de Alimentos y Medicamentos de Estados Unidos establece específicamente que los individuos deben tener la libre elección de aceptar o rechazar estas vacunas', explica LifeSiteNews. 'Muchos señalan que cualquier despido por rechazar las vacunas socava absolutamente su necesaria libertad.'

Sin embargo, el Tribunal Europeo de Derechos Humanos dictaminó recientemente que las vacunas obligatorias son legales. Aun así, incluso en los Países Bajos, ningún trabajador debe aceptar automáticamente que su jefe le exija la vacuna Covid-19 como condición para conservar su empleo o seguir realizando el trabajo para el que fue contratado.

Capítulo 9: Sin asistencia sanitaria

Algunos médicos están tan adoctrinados y aterrorizados que culpan a los propios enfermos: "Mi jefe me presionó mucho para que me vacunara".

Highwire, el programa de salud estadounidense de más rápido crecimiento en Internet, que ya cuenta con más de 75 millones de espectadores, centró recientemente su atención en una preocupante tendencia en Estados Unidos que también puede estar produciéndose en otros países occidentales. En efecto, cada vez son más los médicos que se niegan a tratar a las personas que sufren graves efectos secundarios y reacciones adversas tras la vacunación con la vacuna Covid-19. La razón es obvia: el establishment político y farmacéutico ha canonizado efectivamente estas vacunas manipuladas genéticamente. Si la gente se pone muy enferma o incluso muere a causa de ellas -en Estados Unidos en 2021 ya habrá un 4000% más de víctimas de las vacunas que en todo el año 2020 de todas las demás vacunas juntas-, entonces las instrucciones son que no puede ni debe ser culpa de la vacuna. Los médicos que a pesar de todo observan esto deben temer por sus trabajos y carreras.

Algunos médicos están tan adoctrinados que culpan a los propios enfermos. Llaman a las personas que sufren efectos secundarios graves tras la vacunación pacientes con un 'trastorno de conversión', temiendo poner en su expediente que la vacuna es la causa probable. (O, en otras palabras, 'vuélvase a casa, señorita, porque lo tiene entre ceja y ceja').

El 4 de enero, mi jefe me presionó mucho para que me vacunara", me dijo Shawn Skelton. Después de cumplir, experimentó inmediatamente efectos secundarios, como síntomas leves de gripe. Pero al final del día, me dolían tanto las piernas que no pude soportarlo más. Cuando me desperté al día siguiente, me temblaba la lengua, y luego fue empeorando. Al día siguiente tuve convulsiones por todo el cuerpo. Eso duró 13 días".

'Demasiado miedo para tratarnos', dicen.

Un médico me dijo que el diagnóstico era: 'No sé qué te pasa, por lo tanto te culpamos'", dijo otro. Skelton explicó. Los médicos no saben cómo abordar los efectos negativos de la vacuna de ARNm. También creo que les aterra. No sé por qué ningún médico quiere ayudarnos".

Otras dos trabajadoras sanitarias, Angelia Desselle y Kristi Simmonds, tuvieron experiencias similares. Ellas también sufrieron convulsiones y sus médicos también se negaron a tratarlas. Un neurólogo rechazó que Desselle le remitiera por correo electrónico. Era un especialista en trastornos del movimiento, que yo creía necesitar. Mi médico de cabecera dijo que parecía que tenía Parkinson avanzado. Pero me contestó por correo electrónico que tenía tareas muy complejas y que no podía verme en ese momento'.

Como otros médicos también le cerraron la puerta, acudió a un neurólogo sin mencionar que se había vacunado contra el Covid-19. No quería que me enviaran de nuevo. Pero está en mi historial médico, así que cuando lo miró me dijo '¿así que te vacunaste? Y yo le dije 'sí, pero no quería darle esa información porque necesito ayuda'". Ahora por fin está recibiendo tratamiento para sus ataques de migraña.
En Europa, los médicos de cabecera y los especialistas están sujetos a una normativa estricta.

No sabemos si los médicos de cabecera en Europa también se niegan a tratar a los pacientes vacunados que se encuentran mal. Sin embargo, se les prohíbe recetar a los pacientes (sospechosos) de haber recibido la corona fármacos de eficacia probada y segura, como la hidroxicloroquina y la ivermectina. Nada debería amenazar el "sagrado" programa de vacunación masiva - recuperación: programa de ingeniería genética, después de todo.

En Europa, los médicos de cabecera y los especialistas están sujetos a una normativa estricta.

No sabemos si los médicos de cabecera en Europa también se niegan a tratar a los pacientes vacunados que se encuentran mal. Sin embargo, se les prohíbe recetar a los pacientes (sospechosos) de haber recibido la corona fármacos de eficacia probada y segura, como la hidroxicloroquina y la ivermectina. Nada debería amenazar el "sagrado" programa de vacunación masiva

- recuperación: programa de ingeniería genética,
después de todo.

A principios de este año, el gobierno hizo recaer toda la
responsabilidad de las consecuencias de las vacunas
Covid sobre los hombros de los profesionales sanitarios
y las personas que se vacunan con ellas. Por lo tanto, no
es inconcebible que los profesionales y especialistas de
la salud en Europa se muestren reacios a reconocer, y
mucho menos a tratar, a las víctimas de la vacunación
como tales.

Capítulo 10: Atrévete a hablar

Vacunar durante una pandemia se consideraba antes "impensable" en la ciencia - hasta el año pasado. Se ha iniciado una investigación sobre los crecientes riesgos de infección y muerte entre las personas vacunadas.

Las vacunas masivas a nivel mundial contra el Covid-19 son "impensables", "inaceptables" y un "error histórico", según Luc Montagnier, virólogo francés que ganó el Premio Nobel en 2008 por descubrir el VIH. Las vacunas son las que causan las "variantes", y los individuos mueren de la enfermedad como resultado de ellas.

'¿No es un tremendo descuido? Fue un error tanto científico como médico". Montagnier comentó en una entrevista traducida y publicada el pasado martes por la Fundación RAIR USA: "Es un error terrible". 'Esto quedará documentado en los libros de historia porque las mutaciones son causadas por la vacunación'.

Muchos epidemiólogos son conscientes de ello, pero guardan silencio al respecto, incluso cuando se trata de cuestiones bien conocidas como la "potenciación dependiente de anticuerpos": "Son los anticuerpos del virus los que permiten que la enfermedad se agrave", declaró Montagnier a principios de este mes en una entrevista con Pierre Barnérias, de Hold-Up Media.

Aunque las variantes (mutaciones) se desarrollan de forma natural (pero prácticamente siempre se vuelven menos letales y, por tanto, menos peligrosas), las vacunas Covid son ahora las principales impulsoras de este proceso. ¿Cuál es la función del virus? ¿Va a morir o va a encontrar otra forma? Las nuevas variaciones se forman claramente como resultado de la intervención de ciertos anticuerpos".

La vacunación durante las pandemias se consideraba "impensable" en la ciencia hasta el año pasado.

Vacunar durante una pandemia se consideraba antes como algo "impensable" en la ciencia porque se ha demostrado que aumenta la cantidad de individuos enfermos y de muertes. Las vacunas han producido y dado lugar a las nuevas variaciones. Esto es algo que se ve en todos los países; es lo mismo en todas partes. Las vacunas causan mortalidad en todos los países".

Los datos del Instituto de Métrica y Evaluación Sanitaria de la Universidad de Washington se utilizaron en un vídeo para destacar cómo el número de muertes aumenta considerablemente en todos los países en los que se han aplicado las inmunizaciones. Montagnier citó datos oficiales de la OMS que muestran que desde que se iniciaron las inmunizaciones en enero, no sólo el número de muertes, sino también el número de nuevas infecciones y de personas enfermas ha aumentado drásticamente, "especialmente entre los jóvenes".

Se están estudiando las infecciones y la mortalidad tras las vacunas.

La trombosis (coágulos de sangre) es una de las razones por las que numerosos países han dejado de utilizar la vacuna de AstraZeneca, según el Nobel. También está trabajando en un estudio sobre las personas que enferman por el coronavirus después de haberse vacunado. Según los CDC, al menos 5.800 estadounidenses se habían visto afectados por el virus hasta abril; 396 de ellos fueron hospitalizados y 74 murieron.

"Demostraré que están desarrollando variaciones resistentes a las vacunas". Montagnier fue noticia en abril de 2020 cuando dijo que el virus SARS-CoV-2 tenía que haber sido creado en un laboratorio. "La presencia de elementos del VIH y de gérmenes de la malaria en el genoma del coronavirus es especialmente sospechosa". Estas características del virus no podrían haberse desarrollado espontáneamente'. En julio de 2020, publicó un estudio que respaldaba su idea.

¿Se está preparando un plan de eutanasia masiva?

Cada vez parece más justificado el argumento de que las vacunas Covid-19 son más parecidas a un programa de eutanasia a cámara lenta, que podría dar lugar a un genocidio abierto a una escala sin precedentes a corto o medio plazo. Las personas que se han vacunado recientemente y afirman que "no les molesta nada" olvidan que los daños (graves) de la vacunación pueden tardar semanas, meses o incluso años en manifestarse.

Dado que el virus aún no ha sido aislado en ninguna parte del mundo, algunos creen que el "nuevo coronavirus" no es más que una gran estafa diseñada para inyectar a la gente esta terapia genética experimental. Como resultado, se están sentando las bases de una plataforma de programación transhumana de ARN-ADN que podría alterar, controlar o paralizar permanentemente a cualquiera que haya recibido estas vacunas.

Capítulo 11: Mandato del veneno

Riesgo de intoxicación por gas fosgeno letal

El Departamento de Salud de Connecticut ha dado a conocer los ingredientes de la "vacuna" Moderna Covid-19. Según el prospecto, esta vacuna contiene "SM-102", que "no es aceptable para uso humano o animal", según el fabricante. El productor, Cayman Chemical Company, ha informado a la OSHA de que este producto químico produce "envenenamiento agudo" y es "mortal en contacto con la piel". Con una exposición prolongada o repetida, el SM-102 "daña el sistema nervioso central, los riñones, el hígado y el sistema respiratorio".

En resumen, las personas que reciben esta vacuna pueden intoxicarse. A pesar de ello, el gobierno y los medios de comunicación siguen pregonando la seguridad de las vacunas.

Se puede acceder a la lista completa de ingredientes del Departamento de Salud de Connecticut en línea (archivo aquí) (Natural News mirror Pre-vaccination screening form - V20, and Covid-19 vaccine ingredients list and spike protein schedule).

Las directrices del gobierno para los centros de salud indican además que el riesgo de shock anafiláctico por las vacunas es tan alto que todos los centros de vacunación deben tener a mano medicamentos de respuesta adversa grave. Pérdida de conciencia, desorientación, confusión, debilidad, diarrea, náuseas, vómitos, visión de túnel, visión de destellos de luz, problemas de audición y pérdida de audición son algunos de los muchos efectos secundarios reportados. (Y esto para un virus que es completamente inofensivo para el 99,7% de la población).

SM-102

Después de publicar esta información, Hal Turner recibió numerosos correos electrónicos de personas que afirmaban que las precauciones sobre el SM-102 sólo se aplican al cloroformo, no a la vacuna Covid de Moderna. El SM-102 es el tercer elemento más frecuente en la lista de ingredientes de la "vacuna" de Moderna, y ES el componente, según la Cayman Chemical Company'.

Intoxicación mortal por gas fosgeno

El cloroformo, como cualquier otra sustancia química, se degrada. Cuando entra en contacto con el oxígeno, se descompone en gas fosgeno", que es un "gas muy venenoso (una mezcla de monóxido de carbono y cloro) que se licua a +8 grados", según el Van Dale Large Dictionary. Con sólo 7 partes por millón, es mortal (7 partes por millón).

'Como resultado, todos los que reciben esta inyección podrían adquirir cloroformo, que luego puede descomponerse en gas fosgeno al circular por su cuerpo'. Algunas personas, quizás muchas, podrían alcanzar un umbral de gas fosgeno mortal en su cuerpo y morir como resultado, posiblemente dentro de los 180 días siguientes a su segunda dosis.'

La intoxicación por fosgeno puede provocar la formación de una embolia pulmonar. Los pulmones del paciente se llenan de líquido, imposibilitando su respiración - exactamente lo que le ocurrió a los enfermos graves de Covid-19 el año pasado, ingresándolos en el hospital y requiriendo soporte vital.

'Qué técnica tan ingeniosa para despoblar el mundo: nadie se da cuenta'.

'Una vez que estas personas caen al suelo como moscas, los mismos que nos dieron la vacuna pueden culpar fácilmente a una variación de Covid', concluyó Turner. Qué trágico que hayan muerto como resultado de esta mutación, de la que la vacuna no les protegió". ¿Podría ser este el caso de la 'negación plausible' del asesinato en masa? Tome su propia decisión'. (O se está utilizando para imponer otra vacuna al público).

Turner concluye: 'Qué método tan fantástico para despoblar el mundo'. 'Nadie se da cuenta porque las muertes y el pinchazo se producen durante un largo periodo de tiempo, y los síntomas del gas fosgeno son idénticos a los del Covid.'

La historia de Turner fue rápidamente etiquetada como "desinformación" por el "verificador de hechos" de Facebook Leadstories.com. Dado que este tipo de "verificadores de hechos" han sido una fuente importante de desinformación una y otra vez desde el año pasado, y parecen haber sido creados sólo para dar a la falsa propaganda de los medios de comunicación dominantes un "sello de aprobación", esto significa casi automáticamente que puede haber un gran núcleo de verdad en ella en 2021.

Folleto sin contenido

Una enfermera había entregado a Turner imágenes del prospecto obligatorio que se incluirá en los cartones de la vacuna Moderna. Cuando lo vi, me horroricé", dijo el profesional sanitario. '¿Puede decirme dónde está la lista de ingredientes?' De hecho, resultó estar absolutamente en blanco. 'No hay nada que haya inyectado en un paciente que se parezca a eso'. Son conscientes del contenido'.

En cuanto a los folletos informativos, ¿conocen a una sola persona vacunada que haya recibido o descargado y leído uno antes del "pinchazo"? Los alimentos deben contener una larga lista de ingredientes o no se venderán. Lo mismo puede decirse de la mayoría de los medicamentos y bienes de consumo comunes. Entonces, ¿por qué, de entre todas las cosas, hay una excepción para las vacunas? ¿Por qué se dificulta al máximo el conocimiento de lo que se inyecta en el cuerpo y las posibles consecuencias?

¿Comprarías una sopa con la etiqueta "Sabremos si los ingredientes son seguros en tres años"?

¿Se negarían aún los defensores de la vacunación a considerarla si leyeran el horrible prospecto de la vacuna AstraZeneca/Vaxzevria, que dice: "Contiene un adenovirus modificado genéticamente derivado de chimpancés y producido en células de riñón embrionario humano". Los OVG (organismos modificados genéticamente) están presentes en este producto". ("Una sola dosis (0,5 ml) comprende al menos 250 millones de unidades infecciosas de adenovirus de chimpancé, que codifica la glicoproteína de espiga del SARS-CoV-2 ChAdOx1-S").

¿Qué hay de la realidad en blanco y negro de que la eficacia, la estabilidad y la seguridad de la vacuna no tienen que demostrarse claramente hasta el 31 de mayo de 2022? Eso no es hasta el 31 de marzo de 2024, o sea, dentro de TRES AÑOS, para los ancianos y los enfermos crónicos (pg.16). ¿Qué harían los partidarios de la vacunación si fueran al supermercado a comprar una lata de sopa y vieran en la etiqueta que no se sabría si los componentes de esa sopa son seguros para la salud hasta dentro de uno o tres años? ¿No decidirían entonces: "No vamos a hacerlo hasta dentro de un tiempo, tomaremos otra cosa"?

Capítulo 12: Sangre tóxica

Por el momento, la Cruz Roja de Japón y Bélgica no aceptan donaciones de sangre de personas que se hayan vacunado contra el Covid-19. Según Jeffrey Kingston, director de estudios sobre Asia en la Universidad de Temple, Japón no ha olvidado la crisis de los años 80, cuando el gobierno aprobó el uso de sangre de donantes infectados por el VIH. Esto ocurrió a pesar de que ya se sabía que el calentamiento podía matar las partículas del virus en la sangre.

Sólo el 2% de los japoneses está aún totalmente vacunado - recuperación: terapia de manipulación genética, frente al 35% en Estados Unidos. El gobierno japonés, según Kingston, no sólo es burocrático, sino también cauteloso. Existe un período de espera típico para la donación de sangre después de otras inmunizaciones. Es de 24 horas para la gripe, el cólera y el tétanos, de 2 semanas para la hepatitis B y de 4 semanas para el sarampión, las paperas y la rubeola.

Por el momento, la Cruz Roja belga no acepta donaciones de personas vacunadas.

La Cruz Roja Americana permite a las personas que se han vacunado contra el ARNm de la corona donar sangre de la misma manera que se permite a las personas infectadas por el coronavirus. No hemos podido descubrir nada relativo a las donaciones de sangre en el sitio web de la Cruz Roja, por lo que creemos que pueden continuar sin limitaciones.

Hasta la fecha, no se ha demostrado que ningún virus respiratorio sea transmisible a través de la sangre, incluidos los coronavirus y el virus de la gripe. Por ello, donar y recibir sangre no entraña ningún riesgo", según el sitio web de la Cruz Roja belga.

'Sin embargo, a diferencia de la vacuna antigripal habitual, después de vacunarse con la corona, no podrá dar el brazo a torcer durante un tiempo'. La duración depende de la marca y de si tiene síntomas después de recibir la vacuna'. (La cursiva es mía) ¿De qué signos y síntomas se trata? Seguramente, si te has vacunado, estás a salvo. ¿No se ha demostrado que estas vacunas son seguras?

Capítulo 13: La India se desmorona

Millones de indios se bañan en las alcantarillas abiertas del río Ganges, donde ahora se descubren decenas de cadáveres cada día.

El número de muertes debidas a Covid-19 cada día ha pasado de menos de 100 en enero a más de 4.500 en mayo desde que la India comenzó su campaña de vacunación. La clara relación entre las vacunas y el autismo ya no es discutible. También hay que tener en cuenta la advertencia del director del RIVM, Jaap van Dissel, de finales del año pasado, cuando anticipó que las inmunizaciones "podrían aumentar inicialmente la mortalidad". Y eso es exactamente lo que está ocurriendo en muchas naciones, incluida la India a gran escala.

Cada día se descubren cientos de muertos en el Ganges. Miles de indios mueren cada día de enfermedades como la tuberculosis, la fiebre tifoidea, el paludismo, el cólera y la gripe, como consecuencia de las todavía deficientes circunstancias sanitarias y nutricionales del país.

Las personas que habrían recibido Covid-19 parecen ser más susceptibles a las infecciones fúngicas mucormicosis y tifus de los matorrales, que se aprovechan de la debilidad del sistema inmunitario. El tifus de los matorrales afecta a cerca de un millón de asiáticos cada año, pero la principal amenaza es la tuberculosis (resistente a los medicamentos), que afecta a 2,8 millones de indios cada año y mata a 435.000.

El número de muertes se dispara tras el inicio de la vacunación, pasando de menos de 100 al día a más de 4500 al día.

Más de 186 millones de indios han sido inmunizados con la vacuna Covid-19 desde enero. A la India le iba bastante bien antes de que comenzara la campaña de vacunación. La media de muertes relacionadas con Covid pasó de estar muy por debajo de 100 en los tres primeros meses de los cierres globales a aproximadamente 1000 en septiembre y octubre de 2020, antes de volver a descender a mucho menos de 100 en enero.

Luego se aplicaron las vacunas, y el número de muertes se disparó a 1500 por día en abril y a casi 4500 en mayo. De hecho, actualmente circulan en la India 3532 variantes de Covid, todas las cuales aparecieron casi inmediatamente después de que se iniciaran las vacunas.

¿Cómo es posible cuando dos tercios de la población ya han desarrollado anticuerpos, según una empresa privada de análisis? En abril, la revista Nature se hizo la misma pregunta. ¿Por qué hoy mueren de repente 45 veces más personas, si las vacunas ya protegían a tanta gente contra el Covid-19? ¿Podría deberse a la potenciación dependiente de anticuerpos (ADE), de la que han advertido varios científicos y expertos, y que podría convertirse en un problema en los Países Bajos en otoño, cuando vuelvan los virus de la corona y otros virus respiratorios?

'Las personas que han sido vacunadas son más susceptibles a las principales enfermedades e infecciones'

'Las vacunas no sólo envenenan el sistema de las personas, haciéndolas más susceptibles a las consecuencias infecciosas (interferencia del virus), sino que también hacen que el sistema inmunitario falle si se vuelve a exponer a las mutaciones del coronavirus 'vivo' (ADE)', dice Mike 'Natural Adams'.

Según Adams, las investigaciones clínicas han indicado que las vacunas Covid-19 hicieron a los receptores más vulnerables a enfermedades más graves. El gran número de pacientes que han experimentado efectos adversos de estas vacunas, como cansancio, fiebre, problemas de cosecha, letargo, parálisis, coágulos de sangre, etc., es una prueba de que inducen enfermedades importantes, debilitando aún más el sistema inmunitario.

Armas biológicas de la autoinmunidad

'Un programa de vacunación generalizado podría fomentar que los coronavirus evolucionen aún más rápido, lo que daría lugar a un mayor cambio de la proteína Spike y, en consecuencia, a la creación de nuevas variedades. La variedad B.1.617.2 que se está propagando en la India, según los científicos británicos, es un 50% más contagiosa". Por cierto, esto es algo habitual; los virus que cambian siempre se vuelven más contagiosos, pero casi siempre se vuelven menos letales. Sin embargo, gracias a las vacunas, esta vez podría ser diferente, como parece indicar el baño de sangre en la India.

Además, estas vacunas actúan como armas biológicas de enfermedades autoinmunes, incitando al organismo de las personas a fabricar proteínas Spike, que pueden ser liberadas al medio ambiente y conducir a la rápida evolución de partículas de virus infecciosos. Después, los no vacunados están expuestos a una variedad de proteínas Spike de los vacunados. Esto podría explicar por qué el número de muertos en la India se ha disparado repentinamente y por qué los cadáveres aparecen a montones en las orillas del Ganges".

Capítulo 14: ¿La próxima pandemia?

El Foro Económico Mundial, al igual que la Organización Mundial de la Salud, se ha convertido en uno de los enemigos más vehementes de la libertad y la humanidad.

Ciberataque planeado (de falsa bandera) por la FEM para desestabilizar el sistema financiero entre agosto de 2021 y marzo de 2022 - ¿Será el próximo "virus asesino" el SARS-3, que ya se ha producido en un laboratorio italiano, o el SPARS?

La élite del poder mundial está tan facultada por la devoción servil y la ingenua credulidad del 90 por ciento de la población que no se hace ningún esfuerzo por ocultar la realidad de que se está llevando a cabo un gran escenario planificado y predeterminado.

El director de la OMS, Tedros Adhanom Ghebreyesus, comunista comprometido, proclama ahora abiertamente la próxima pandemia, que será "más contagiosa y letal" que el Covid-19, como ya sabrán. Las empresas farmacéuticas se frotan las manos y ya han empezado a preparar y probar la próxima ronda de vacunas.

No se equivoquen, ésta no es la última vez que el mundo se enfrenta a una amenaza de pandemia", dijo Tedros ante la Asamblea General de la ONU, compuesta por 194 ministros de Sanidad de los Estados miembros.

Es una certeza evolutiva que surgirá otro virus mucho
más contagioso y letal que éste".

"Certeza evolutiva" era un eufemismo para decir "esto
es lo que nosotros, como Covid-19, hemos desarrollado
y planificado minuciosamente en colaboración con el
Foro Económico Mundial". ¿Quizás el otro virus sea el
SPARS, sobre el que escribimos a principios de este año
y que se suponía que llegaría en (aproximadamente)
2025? ¿Será el SARS-3, que ya se ha producido en unas
instalaciones italianas y que podría liberarse al público
en general en cualquier momento?

**El número de muertos está disminuyendo, pero aún no
estamos fuera de peligro".**

Por supuesto, el jefe de la OMS tuvo que declarar que el
número de casos y muertes por Covid-19 había
disminuido constantemente durante las últimas tres
semanas. Hacer lo contrario dejaría muy claro que las
vacunas están teniendo exactamente el efecto contrario
en lugares como la India. Desde que comenzaron las
vacunas, el número de muertes diarias ha pasado de
100 a casi 4.500 cada día. En enero se modificaron
"secretamente" las directrices de la prueba PCR, muy
utilizada, para que las inmunizaciones parecieran un
éxito.

Ahora se están evaluando las vacunas.

Las empresas farmacéuticas, que han visto lo rentable
que puede ser vacunar durante una pandemia en el

último año, ya están trabajando en nuevas vacunas. El pasado lunes, Bloomberg informó de que GlaxoSmithKline (junto con su socio Sanofi) está trabajando en la próxima generación de vacunas Covid. Según Roger Connor, jefe de desarrollo de vacunas, la semana que viene se iniciará una sesión de pruebas con una nueva vacuna en más de 37.000 pacientes.

Es necesario poner a la población de rodillas.

Ahora es seguro decir que el orden globalista establecido, dirigido por el Foro Económico Mundial, las Naciones Unidas, la Organización Mundial de la Salud, el Fondo Monetario Internacional, la Unión Europea y la alianza Gavi, y respaldado por casi todos los partidos políticos, ha lanzado un ataque frontal contra la humanidad. Como ya sabrán, la Fase 2 de esta pandemia ya ha sido anunciada: un ciberataque (de falsa bandera) contra el sistema financiero occidental (en quiebra), así como posiblemente contra el suministro de energía, con el objetivo de poner a la población de rodillas y obligarla a aceptar el "Gran Reset" comunista ("Reconstruir mejor"), o la "Cuarta Revolución Industrial" en el marco de la Agenda 21/2030 de la ONU, sin resistencia.

El FEM ha estado realizando simulaciones, similares al simulacro de pandemia de corona en octubre de 2019 ("Evento 201"), para ver cuál es la mejor manera de llevar a cabo un ciberataque de este tipo, que dejará a la población sin acceso a sus cuentas bancarias, posiblemente a Internet, y posiblemente incluso a (partes de) su suministro de energía (y, por tanto, al transporte y al suministro de alimentos) durante días -quizás semanas- y cómo sacar el máximo partido a las consecuencias previstas.

Según Armstrong, el reciente ciberataque al oleoducto Colonial en Estados Unidos, que supuestamente fue bloqueado por los hackers y luego liberado tras pagar una cuota de extorsión de 5 millones de dólares, fue también una prueba para ver si el ciberataque planeado contra el sistema financiero podía llevarse a cabo de esta manera. 'Ahora pueden argumentar que el malware es rentable y que todo el mundo está en riesgo'. Ese es el escenario más probable ahora mismo'.

Esta amenaza parece estar motivada por el deseo de completar el Great Reset". Covid fue inflado groseramente, y los que están detrás de los modelos falsos que se utilizaron para aplanar la economía mundial tienen mucho que ganar inflando este peligro cibernético. La pregunta ahora es: ¿cuándo lo harán? ¿Será este año o el próximo?

Capítulo 15: ¿Control total?

Los primeros componentes necesarios para transformar a toda la raza humana en tecnoesclavos totales ya se están distribuyendo ampliamente.

Las ondas de radio y los campos magnéticos pueden utilizarse para sensibilizar las células cerebrales y nerviosas: controlar el comportamiento humano en lugares con una radiación determinada se está convirtiendo en una realidad.

Investigadores de Estados Unidos han creado una proteína magnética que puede utilizarse para estimular rápidamente las células cerebrales (y viceversa). Esta novedosa técnica puede utilizarse para regular las áreas del cerebro responsables de comportamientos complicados.

Dado que el desarrollo de la proteína Spike es importante para las vacunas de ARNm contra el coronavirus, es fácil prever que en el futuro este tipo de vacunas incluya otro "programa" que desarrolle una proteína destinada a obtener el control externo de nuestro comportamiento y pensamientos.

La optogenética está siendo eliminada en favor de la quimiogenética.

La optogenética es el enfoque más potente. Se pueden utilizar pulsos de luz láser para activar o desactivar grupos de neuronas asociadas. La quimiogenética es un nuevo enfoque que se ha creado recientemente. Funciona activando proteínas personalizadas con "productos farmacéuticos de diseño" (medicamentos, vacunas) que pueden dirigirse a determinados tipos de células.

El inconveniente de la optogenética es que requiere la introducción de cables de fibra óptica en el cerebro, que sólo pueden penetrar en el tejido de forma limitada. La quimiogenética utiliza reacciones biológicas para activar las células nerviosas en cuestión de segundos. Ya no es necesario "abrir" el cerebro con este nuevo enfoque.

Proyecto magneto

Investigaciones anteriores han demostrado que las proteínas activadas por calor y presión mecánica de las células nerviosas pueden modificarse genéticamente para que respondan a las ondas de radio y los campos magnéticos. Esto se consigue adhiriendo una partícula (para)magnética a ellas, así como cortas secuencias de ADN. Este método ya se ha utilizado para controlar los niveles de glucosa en la sangre de los ratones.

En un experimento de laboratorio, se comprobó que la proteína "Magneto" creada era capaz de ser absorbida por las células renales humanas. La proteína se activó mediante un campo magnético. A continuación, se introdujo "Magneto" en el genoma de un virus, junto con una proteína verde fluorescente y secuencias de

ADN que se dirigen exclusivamente a tipos específicos de neuronas, en una prueba posterior. Despúes, el virus se introdujo en el cerebro de ratones. Allí se activó Magneto mediante un campo magnético, haciendo que las células (cerebrales) crearan impulsos nerviosos particulares.

Luego les tocó el turno a los ratones que podían moverse libremente. Se inyectó magneto en la región del cerebro que controla la motivación y la recompensa (neuronas dopaminérgicas). A continuación, se separaron los ratones en grupos y se colocaron en una sala en la que algunos estaban expuestos a un campo magnético y otros no.

Se comprobó que los ratones Magneto pasaban mucho más tiempo en la zona magnética porque las neuronas de dopamina de sus cerebros estaban activadas, lo que les daba una sensación de recompensa cuando estaban allí. Esto demostró que un comportamiento complicado puede ser controlado e incluso dirigido mediante el empleo de neuronas Magneto situadas en lo más profundo del cerebro.

Steve Ramírez, neurólogo de Harvard, está extasiado con la nueva estrategia. Este método consiste en un único y hermoso virus que puede inyectarse en cualquier parte del cerebro", afirma el investigador. Para alterar el comportamiento de los animales (¿y más tarde de los humanos?), basta con exponerlos a un campo magnético.

Controlar su comportamiento en una zona afectada por la radiación es cada vez más factible.

Ahora que a los humanos del año 2021 se les inyectan instrucciones genéticas (ARNm) en sus sistemas con el pretexto de "vacunas" para producir una proteína (la proteína Spike), el siguiente paso es añadir OTRAS instrucciones a este tipo de vacunas. En un discurso de 2017, el director de marketing de Moderna describió cómo el ARNm puede utilizarse para editar el ADN de las personas, lo que convierte a las "vacunas" de ARNm en una plataforma a través de la cual se puede programar a los seres humanos.

Y parece que eso es exactamente lo que se va a hacer, con proteínas que cambiarán tu comportamiento cuando estés en una zona con ciertas radiaciones próximas (como el 5G). Hasta que sea un hecho consumado, los principales medios de comunicación no dudarán en llamarlo "teoría de la conspiración" o "desinformación". Protestar entonces carece de sentido, ya que lo más probable es que no puedas o quieras hacerlo debido a esta nueva tecnología.

Por eso, cuando el director general del FEM, Klaus Schwab, declaró el año pasado que en 2030 "no se poseerá nada y se será feliz" (pero quizá mucho antes), hablaba muy en serio. De hecho, estará predispuesto a ser feliz sin importar las circunstancias. Algunas personas parecen estar impacientes por renunciar a su humanidad, a su pensamiento independiente e incluso a su "alma" para convertirse en esclavos del sistema sin voluntad, programados, controlados y gestionados digitalmente.

Capítulo 16: Enmascarar a las ovejas

Los científicos creen que las mascarillas usadas por el público en general suponen un riesgo de infección - Desde hace más de un siglo, todas las experiencias de pandemia han demostrado que las mascarillas no funcionan para combatir los virus y son ineficaces como protección.

Recientemente, los principales medios de comunicación publicaron triunfalmente un estudio que demuestra que los protectores bucales son eficaces. Sin embargo, un breve vistazo al comitente del estudio lo revela todo: el Instituto Max Planck, que cuenta con un importante apoyo del gobierno alemán y de la Unión Europea. Lo que hoy se considera "ciencia" será, casi con toda seguridad, "el pan que se come..." en 2020 y 2021.

En consecuencia, ya no podemos esperar conclusiones imparciales o críticas de este tipo de investigadores "nosotros los del WC..."; en cambio, se dejan explotar, como en el pasado, para dar su visto bueno a los programas gubernamentales. De hecho, un reciente y exhaustivo metaestudio alemán concluyó que los protectores bucales no sólo son ineficaces, sino también peligrosos para la salud.

Tras una hora de lectura en la página web del Instituto Max Planck, es evidente que los institutos y los científicos vinculados a ellos son como dos manos en un guante cuando se trata de tratar con el gobierno. No hay notas críticas, y no hay un solo estudio que contradiga las afirmaciones de las autoridades ni siquiera mínimamente. También leemos una petición de hacer más para combatir las voces antivacunas, como prohibirlas en Internet, para que sea más "democrático"...

La Inquisición ha vuelto con otro nombre

La Iglesia católica, políticamente poderosa, arrastró a Galileo Galilei ante la Inquisición a principios del siglo XVII porque, al igual que Copérnico en el siglo XVI, afirmaba que la Tierra, al igual que los demás planetas, giraba alrededor del Sol (la cosmovisión heliocéntrica), y que no éramos el centro del universo (la cosmovisión geocéntrica). Para "demostrar" que estaba equivocado, se citaron varios "científicos" y tesis "científicas" y teológicas consagradas. Sólo en 1992 el entonces Papa Juan Pablo II se disculpó y el Vaticano limpió su nombre.

Los protectores bucales son ineficaces y (muy) peligrosos para la salud, según un metaestudio.

Sin embargo, todavía hay científicos que no han vendido su alma al diablo. Por ejemplo, un reciente metaestudio alemán confirmó lo que se sabe desde hace más de un siglo: los protectores bucales son ineficaces y perjudiciales para la salud. Veintidós de las 44 investigaciones científicas que descubrieron efectos perjudiciales sustanciales de los protectores bucales se publicaron en 2020, y veintidós de esos estudios se publicaron bajo Covid-19. En total, hubo 31 estudios experimentales y 13 estudios de observación. Los conocidos protectores bucales azules y los mascarones N95 atrajeron el 68% de la atención.

El agotamiento, la confusión y la enfermedad son causados por el aumento de la dificultad respiratoria, la frecuencia cardíaca y la presión arterial.

El uso de tapones bucales quirúrgicos (azules) por parte de trabajadores sanitarios sanos (de 18 a 40 años) provoca efectos físicos mensurables con un aumento de los valores de CO2 transcutáneo (a través de la piel) y cambios significativos en la composición de la sangre después de sólo 30 minutos, según un estudio cruzado aleatorio publicado en 2005. El considerable aumento de CO2 "al respirar de nuevo" provoca un aumento de la resistencia respiratoria, lo que obliga al cuerpo a realizar un esfuerzo cada vez mayor, así como un gran aumento de la frecuencia cardíaca.

Los efectos negativos pueden parecer menores al principio, pero el uso de protectores bucales de forma regular supone una carga física cada vez mayor. Según la advertencia, se prevé que los protectores bucales tengan efectos relevantes para las enfermedades a largo plazo. La hipertensión arterial, la arteriosclerosis, las enfermedades cardíacas (síndrome metabólico) y las enfermedades neurológicas son sólo algunos de los efectos secundarios inevitables del uso prolongado de los protectores bucales.

Incluso un pequeño aumento del CO_2 en el aire inhalado provoca dolores de cabeza, problemas respiratorios (asma), elevación de la presión arterial y de la frecuencia cardíaca, lo que provoca daños en los vasos sanguíneos y, finalmente, trastornos neuropatológicos y cardiovasculares. Una presión respiratoria ligeramente elevada durante un largo periodo de tiempo tiene un efecto similar. Los niveles elevados de CO_2 son especialmente peligrosos para las mujeres embarazadas porque perjudican el riego sanguíneo de la placenta.

Los ataques de pánico, la hiperventilación, las dificultades cognitivas y los dolores de cabeza son síntomas de estrés.

Se ha establecido más allá de toda duda razonable que los protectores bucales causan un daño significativo y, a largo plazo, duradero a la salud. El cerebro humano libera la hormona del estrés norepinefrina de forma muy instantánea en respuesta a los bajos niveles de oxígeno y al ligero aumento del consumo de CO_2. El nivel de CO_2 sólo tiene que ser del 5% para producir un ataque de pánico en 15 o 16 minutos, según los experimentos de provocación de la respiración. La concentración habitual de CO_2 en el aire exhalado es de alrededor del 4%.

Los tapones bucales están contraindicados para los epilépticos, según neurólogos de Estados Unidos, Reino

Unido e Israel, ya que pueden provocar hiperventilación. De hecho, llevar un protector bucal puede aumentar la frecuencia respiratoria entre un 15% y un 20%.

El uso de boquillas provocó que el 71,4% de los 343 empleados del sector sanitario de Nueva York experimentaran síntomas físicos reconocidos (enfermedad). Y lo que es peor, el 28% tenía problemas de salud crónicos para los que necesitaba medicación.

En el contexto de Covid-19, se evaluaron en profundidad todas las variedades de protectores bucales en 2020. Conclusión: Después de sólo 100 minutos, crean graves problemas de pensamiento y concentración, que se producen directamente por la disminución del contenido de oxígeno en la sangre. Otro estudio descubrió que los protectores bucales son directamente responsables de más de la mitad de los dolores de cabeza que sufren los usuarios de protectores bucales.

Infecciones y afecciones de la piel

Dado que los tapones bucales cubren las vías respiratorias, la temperatura corporal aumenta y la humedad se incrementa, alterando drásticamente el hábitat natural de la piel. Muchas personas tienen la piel enrojecida, con picores y seca, así como una producción excesiva de sebo (acné). Esto empeora y prolonga los trastornos de la piel, haciendo que las personas sean más susceptibles a las infecciones. Esto se debe a que tanto los protectores bucales azules como los N95 permiten que los gérmenes, los hongos y los virus se multipliquen rápidamente tanto dentro como fuera de los protectores bucales (que se saturan después de sólo 10-15 minutos y luego ya no funcionan de ninguna manera).

La piel de la cara no está hecha para permanecer oculta durante mucho tiempo. Un gran número de personas experimentará problemas cutáneos indeseables ahora que es necesario hacerlo de todos modos.

Daños psicológicos importantes, especialmente entre los niños

Se han documentado daños psicológicos, además de las numerosas repercusiones físicas y la disminución sustancial de la calidad de vida, ya que incluso las actividades cotidianas habituales, como comer, beber y conversar, se ven muy afectadas. Los protectores bucales provocan una sensación de pérdida de libertad y autonomía (que bien puede ser el objetivo de la obligación de llevarlos), lo que puede llevar a una rabia reprimida y a una distracción continua inconsciente, sobre todo porque los protectores bucales suelen ser impuestos por otras personas.

Los protectores bucales ponen en peligro derechos humanos básicos como la integridad personal, el derecho a la autodeterminación y la autonomía, además de causar molestias y provocar la pérdida de ciertas capacidades psicomotoras, cognitivas y mentales, así como una menor reactividad. Los protectores bucales son especialmente perjudiciales para los niños, que a menudo experimentan preocupación y tensión a causa de ellos. Muchos jóvenes se sienten mal e infelices, se retraen y participan menos en la vida. (Toda una generación de jóvenes y adolescentes se ha visto así gravemente perjudicada).

Los medios de comunicación, tanto ahora como en el pasado, han desempeñado un papel muy perjudicial.

Los sentimientos depresivos están muy extendidos, y el 50% de los usuarios de la salud bucodental encuestados los experimentan. La preocupación se ve exacerbada por la información frecuentemente exagerada y unilateral de los medios de comunicación. Sólo el 38% de la cobertura mediática de la pandemia de ébola en 2014 contenía datos científicos, y el 42% exageraba (significativamente) el peligro, según una investigación. Un escandaloso 72% de los artículos de los medios de comunicación estaban diseñados para hacer que los espectadores se sintieran peor con respecto a su salud.

Todavía no tenemos cifras concretas, pero creemos que para 2020, sólo el 10% de la cobertura informativa contendrá algún hecho científico, y el 90% exagerará (seriamente) el peligro del coronavirus. Y, con unas pocas excepciones, todos los medios de comunicación principales eran y son culpables de infundir sentimientos de miedo e incertidumbre 24 horas al día, 7 días a la semana.

Los protectores bucales son un símbolo de pseudosolidaridad y conformidad".

Según los científicos de uno de los documentos analizados, los protectores bucales se han convertido en "un símbolo de conformidad y pseudosolidaridad". La OMS, por ejemplo, hace hincapié exclusivamente en los ostensibles "beneficios" de llevar protectores bucales e intenta crear en los usuarios la (falsa) creencia de que están ayudando a combatir un virus.

Conclusión del metaestudio: "Los efectos potencialmente drásticos e indeseables observados en ámbitos multidisciplinares subrayan el alcance general de las decisiones globales de introducir protectores bucales... Según la bibliografía, existen consecuencias indeseables inequívocas y científicamente probadas para los usuarios de protectores bucales, tanto físicas como psicológicas y sociales.'

No hay pruebas científicas de que el virus haya sido erradicado".

Ni la OMS, ni el ECDC (Centro Europeo para la Prevención y el Control de las Enfermedades), ni los institutos nacionales (como el RIVM) han demostrado con datos científicos bien fundados una consecuencia positiva de los protectores bucales para la población (en el sentido de una menor propagación de Covid-19)", reza la dura sentencia sobre los protectores bucales.

'Las autoridades sanitarias nacionales e internacionales han impuesto a la sociedad sus juicios teóricos sobre los protectores bucales, en contra de la norma científicamente establecida de la medicina basada en la evidencia, aunque el uso obligatorio de protectores bucales crea una engañosa sensación de seguridad.'

'Los protectores bucales usados por el público en general suponen un riesgo de infección'

Desde el punto de vista de la epidemiología infecciosa, el uso regular de protectores bucales expone a los usuarios al peligro de autocontaminación tanto desde el interior como desde el exterior (de los protectores bucales), así como a través de las manos contaminadas. Además, el aire exhalado hace que los protectores bucales se saturen, permitiendo que se acumulen en su interior sustancias químicas causantes de infecciones. Esta tendencia puede ser evidenciada por el notable aumento de rinovirus en la investigación centinela del RKI (Instituto Nacional Alemán de Salud Pública y Medio Ambiente) a partir de 2020".

'Los científicos consideran que los protectores bucales usados por el público son un riesgo de infección, ya que las normas de higiene estandarizadas en los hospitales no pueden ser seguidas por la sociedad.' Además, el hecho de tener que hablar más alto con un protector bucal provoca un aumento de la producción de aerosoles (efecto de atomización) (que se puede medir hasta 20 metros de distancia, y que automáticamente hace que todo el distanciamiento social sea completamente inútil, ya que los protectores bucales se saturan después de 10 o 15 minutos y ya no funcionan. ¿Y quién sustituye su protector bucal cada 10 minutos?).

Los protectores bucales no ayudan en ninguna epidemia moderna.

Los protectores bucales de uso diario no lograron los resultados esperados en la lucha contra las infecciones víricas durante las pandemias de gripe de 1918-1919, 1957-1958, 1968, 2002, y con el SARS 2004-2005, así como la gripe de 2009 (gripe porcina).

Las experiencias dieron lugar a estudios científicos, que concluyeron en 2009 que el uso diario de protectores bucales no tiene un efecto antiviral sustancial. Incluso más tarde, los científicos e institutos determinaron que los protectores bucales eran ineficaces para proteger a los usuarios de las infecciones respiratorias virales. Los protectores bucales quirúrgicos, incluso cuando se utilizan en los hospitales, carecen de pruebas sólidas de prevención de virus".

'Como siempre, no se han detectado beneficios favorables sobre infecciones o enfermedades en una comparación práctica entre Suecia y Bielorrusia, por un lado, y el resto de Europa, así como Estados Unidos (entre los estados con y sin protector bucal obligatorio).

Capítulo 17: Víctimas de las vacunas

Miles de muertes evitables por culpa de Covid, y miles ya por culpa de las vacunas" - La India detiene la explosión de muertes tras las vacunas de ivermectina e hidroxicloroquina - ¿Podría ocurrir lo mismo aquí con las mismas inmunizaciones si se utilizan estos procedimientos en Estados Unidos?

El profesor Dr. Peter McCullough, una de las autoridades más destacadas del mundo en el tratamiento de Covid-19, acusó al gobierno estadounidense de ocultar "cifras inimaginables" de víctimas de la vacuna en una entrevista.

Este es exactamente el escenario que hemos estado pronosticando durante casi un año: las vacunas producen un enorme número de nuevas víctimas, que luego se atribuyen a una variación de Covid o a alguna otra causa de muerte, como es muy probable que ocurra en, por ejemplo, la India. ¿Podría ser este el caso aquí también, si tales técnicas ya se están utilizando en Estados Unidos para persuadir al mayor número posible de personas a tomar estas "vacunas"?

Ahora estamos siendo controlados por la misma élite de poder (WEF, ONU/OMS, Gavi/Gates, Big Pharma).

Con el sistema de registro de vacunas VAERS en Estados Unidos, el número de muertes por vacunación notificadas se acerca a las 5.000, pasando de un 1% a un máximo del 10% de la cifra real en el pasado. Hasta el 15 de mayo, unas 11.500 personas han resultado heridas en la UE, con más de 630.000 personas heridas a ambos lados del Atlántico y decenas de miles de personas más permanentemente enfermas o incapacitadas. Como el número de víctimas de la vacuna es miles de veces mayor que el de todas las demás vacunas juntas, suele ser necesario un estudio detallado.

Normalmente, un medicamento se retira del mercado después de 50 muertes.

Cualquier nuevo medicamento con cinco muertes inexplicables recibe una advertencia de 'caja negra', y entonces se oye en las noticias que este medicamento puede matarte", explicó McCullough. Y después de 50 muertes, se retira del mercado", dice el autor.

Durante la pandemia de gripe porcina de 1976, Estados Unidos trató de vacunar a 55 millones de personas, pero el esfuerzo se detuvo después de que 25 personas murieran y 500 quedaran lisiadas como consecuencia de la vacuna.

Ahora sucede exactamente lo contrario, tanto en América como en Europa: cuanto más aumenta el número de víctimas, más presión ejercen las autoridades sobre la población para que se vacune. Y todo ello con sustancias que sólo han sido aprobadas provisionalmente, y cuyos productores sólo tendrán que demostrar que son "seguras" dentro de unos años.

'Sería imposible que los médicos de la administración pública certificaran que las muertes no fueron causadas por las vacunas en un período de tiempo tan corto.'

Las cifras son incluso falsificadas a propósito, según el estimado académico. A finales de marzo, se habían producido 2.602 muertes relacionadas con las vacunas en Estados Unidos. La FDA dijo entonces que 1.600 muertes habían sido "investigadas" por médicos anónimos del gobierno, que habían llegado a la conclusión de que ninguna de esas personas había muerto como consecuencia de la vacuna.

Fue inquietante", dijo McCullough. Sabe por su propia experiencia que normalmente se tardan meses en completar una investigación de este tipo, no sólo unos días o semanas. 'He sido presidente y he participado en docenas de juntas de supervisión de la seguridad... y puedo decirles que no hay forma de que médicos desconocidos de la administración pública sin ninguna experiencia con Covid-19 puedan determinar que ninguna de estas muertes se debió a la vacuna'.

En la actualidad mueren muchas más personas.

Dado que históricamente sólo se informa de entre el 1% y el 10% de las muertes por vacunas, tal y como valida

un estudio de Harvard, en realidad morirán muchas más personas de las que aparecen en las estimaciones oficiales, y desde luego no 0.
Dado que históricamente sólo se informa de entre el 1% y el 10% de las muertes por vacunas, tal y como valida un estudio de Harvard, en realidad morirán muchas más personas de las que aparecen en las estimaciones oficiales, y desde luego no 0.

Compárelo con la vacunación contra la gripe. Anualmente, el VAERS informa de entre 20 y 30 muertes, sobre 195 millones de vacunaciones. Con la Covid-19, los EE.UU. ya tenían 2.602 muertes con 77 millones de vacunas, de lejos la cifra más alta de vacunas en toda la historia. A pesar de esto, ni un solo político o periodista establecido en los medios de comunicación exige una investigación independiente. Peor aún, los pocos que lo hacen son inmediatamente estigmatizados y vilipendiados.

Se calcula que el 85% de las vidas perdidas podrían haberse salvado".

El experto de Covid cree que los miles de muertos (unos 16000 en la UE y los EE.UU. a mediados de mayo, seguramente al menos 1000 o 2000 más a estas alturas) y los cientos de miles de enfermos y heridos continuarán indefinidamente. Además, dijo ante el Senado de los Estados Unidos el 19 de noviembre de 2020, que "ahora creemos que hasta el 85% de las vidas perdidas podrían haberse salvado con un régimen de múltiples fármacos."

Sin embargo, estos fármacos de eficacia y seguridad probadas están estrictamente prohibidos en América, Europa y los Países Bajos para aplicarlos a los (presuntos) pacientes de Covid-19. Los médicos de cabecera pueden ser multados con 150.000 euros si recetan Ivermectina.

El gobierno está completamente en la bolsa de Big Pharma y de las instituciones controladas por Bill Gates como la OMS, y ha decidido desde el principio que sólo una vacuna puede traer la "salvación".

La India utiliza la ivermectina y la HCQ para poner fin a la mortalidad.

La India ha comenzado a emplear la ivermectina y la hidroxicloroquina, muy en contra de los intereses de la OMS y de la Gran Farmacia (HCQ). De este modo, el enorme aumento del número de muertes tras la introducción de las vacunas ha llegado a su fin.

Se ha dicho a los principales medios de comunicación que no publiquen ninguna crítica a las vacunas.

Por otro lado, se ha ordenado a todos los medios de comunicación convencionales que presenten estos medicamentos de forma negativa y que no publiquen (casi) ninguna información crítica sobre las vacunas.

Incluso generan a propósito toda la ansiedad posible en Europa a petición del gobierno.

Esta censura flagrante y la corrupción total de los medios de comunicación se enmarca en la Iniciativa de Noticias de Confianza, en la que participan no sólo los gigantes de las redes sociales como Facebook, Google/YouTube y Twitter, sino también las principales agencias de noticias AP, Reuters y AFP, así como la BBC, la CBC, la UER (Unión Europea de Radiodifusión), Microsoft y el Washington Post. Los hechos sobre el lado oscuro de las vacunas experimentales de terapia genética deberían ser calificados como "desinformación peligrosa" por los medios de comunicación dominantes.

Dado que provoca tantas muertes evitables, ¿cómo puede calificarse esto de otra manera que de fascismo médico o incluso de terrorismo médico?

'Si los ciudadanos recibieran 'cualquier tipo de noticia honesta y equilibrada sobre la seguridad', concluyó McCullough, 'simplemente no tomarían esta vacuna'. 'La iniciativa Trusted News es realmente preocupante, porque actualmente estamos experimentando un número récord de muertes, que aumenta cada día.'

El gobierno y la Gran Farmacia tienen una conexión simbiótica.

El reputado médico afirmó que el gobierno y las grandes farmacéuticas mantienen una relación incestuosa, que impide que organizaciones reguladoras como la OMS puedan, quieran o sean capaces de emitir un juicio objetivo. El Instituto Nacional de Salud estadounidense, por ejemplo, es copropietario de la patente de Moderna. Como resultado, el gobierno tiene un incentivo financiero para vender y administrar tantas vacunas como sea posible.

Los pocos médicos, científicos y otros profesionales que hacen caso a su conciencia suelen tener demasiado miedo de hablar por su nombre. Es comprensible, porque de lo contrario desde el año pasado no sólo es inmediatamente el fin de la licencia o el fin de la carrera, pero también se arrastra por el barro y en algunos casos incluso demandado y / o intimidado por el mismo gobierno.

'Nunca descubrimos el verdadero número de víctimas'.

Según una reciente evaluación de 500 residentes de residencias de ancianos llevada a cabo por un médico de Kansas City, 22 ancianos murieron en las 48 horas siguientes a recibir la vacuna de Pfizer. ' No puedo demostrar que la vacuna los mató a todos, pero sí que los mató a todos en 48 horas. Según las directrices, sólo hay que vigilarlos durante 15 minutos, así que nunca llegamos a ver las cifras reales. Es difícil de probar si pasa después de esos 15 minutos... Que Dios nos ayude si la FDA autoriza esto.

Un valiente médico canadiense salió a la luz. El Dr. Charles Hoffe rompió con la prohibición gubernamental de que hablara, diciendo que "la vacuna Moderna ha matado y discapacitado a pacientes".

'Al gobierno nunca le ha interesado tratar a los enfermos'.

Según McCullough, el gobierno tenía poco interés en tratar a los enfermos (con medicamentos), pero en su lugar adoptó rápidamente la agenda de la OMS (sólo distanciamiento social, protectores bucales, encierros, pruebas y espera de las vacunas).

Describe una estrategia de cuatro pasos en su documento "A Guide for Home-Based Covid-19 Treatment: A Step-by-Step Doctor's Plan That Could Save Your Life" (diciembre de 2020), en el que el pilar más importante, tratar y curar a los pacientes de Covid-19 con medicamentos probados y seguros, ha estado completamente ausente de las políticas públicas. Cree que, como resultado, decenas de miles de personas han muerto innecesariamente sólo en Estados Unidos.

El año pasado, el académico francés Christian Perronne, de larga e ilustre trayectoria, escribió un libro con el provocador título "¿Hay algún error que no hayan cometido?" - Covid-19: El santo matrimonio de la incompetencia y la arrogancia". Según él, si los enfermos de corona hubieran sido tratados desde el principio con zinc, hidroxicloroquina/quercetina, vitaminas C y D y azitromicina (sobre todo como medida preventiva), habría habido pocas muertes y 25.000 franceses (el 80% de los muertos de entonces) seguirían vivos hoy.

Capítulo 18: La humanidad se encoge

La Tierra sigue siendo increíblemente estéril: hay pocos indicios de civilización humana visibles desde el espacio. - En Nueva York, todos los habitantes del planeta caben en edificios de una sola planta". - "Tener hijos debería ser, en realidad, un deber de la sociedad", afirma un ejecutivo de Tesla centrado en la programación del ARN y el ADN humanos.

Elon Musk, director general de Tesla, es famoso por hacer declaraciones que contradicen la imagen globalista del "Nuevo Orden Mundial". En un discurso reciente, afirmó que nuestro mayor reto en 20 años será la subpoblación, no la superpoblación. Anteriormente dijimos que, en contra de la suposición común, la Tierra tiene espacio, alimentos, energía y riquezas más que suficientes para mantener al menos el triple de personas en una existencia próspera. Tan pronto como sea posible. La verdadera fuente de nuestra mayor preocupación es la élite del poder mundial, que está haciendo todo lo imaginable para eliminar al mayor número posible de personas manteniéndolas empobrecidas, enfermas, hambrientas y, por tanto, controlables.

Quiero subrayar que el mayor problema en 20 años es el colapso de la población, no una explosión". Pone como ejemplo sencillo a alguien que lanza al azar una bomba desde un avión en algún lugar de la Tierra. "¿Con qué frecuencia se golpea a alguien entonces? En realidad, nunca. Todo tipo de cosas caen a la Tierra desde el espacio todo el tiempo. Meteoritos naturales, partes de cohetes viejos, pero nadie se preocupa por eso".

Tener hijos debería considerarse casi una obligación social".

'Toda la gente del planeta podría caber en un piso de Nueva York'. Los demás pisos son innecesarios". Según Musk, estamos tan dispersos por el mundo que apenas somos visibles desde el espacio. 'Debemos tener cuidado con el colapso de la población'. Una baja tasa de natalidad es un gran peligro'. Advierte que, como resultado, nuestra cultura puede perecer. Esa sería una conclusión deprimente'. La media de edad sería extremadamente alta, y los jóvenes se verían obligados a cuidar de los ancianos como si fueran esclavos'.

Creo que, hasta cierto punto, la gente debe empezar a considerar el tener hijos como una obligación cívica... De lo contrario, la humanidad perecerá. Literalmente. La riqueza, la educación y la religión están inversamente relacionadas con la tasa de natalidad. Cuanto más devota es una persona, más hijos tiene". Será "como si alguien matara a la mitad de la población (futura)" en unas décadas. Hay que cambiar algo".

Debemos abandonar los combustibles fósiles tan pronto como sea posible".

Por supuesto, Musk está totalmente comprometido con la misión de "sostenibilidad" verde como creador y productor de coches eléctricos. Se muestra optimista al respecto, ya que considera que China también está a la cabeza en este ámbito, pues ya ha producido la mitad de los vehículos eléctricos del mundo. Cree que el mundo debería abandonar los combustibles fósiles tan pronto como sea posible y apostar por la energía solar, eólica e hidráulica "sostenible", así como por la energía nuclear en algunas situaciones.

El testaferro de Tesla dice que el petróleo, el gas y el carbón se están agotando rápidamente, pero se olvida de que esto se viene gritando desde hace casi 50 años, y que constantemente se descubren nuevas reservas que pueden proporcionar a la humanidad energía barata durante al menos otro siglo, y probablemente incluso muchos siglos.

¿Por qué hay impuestos sobre el CO2?

También sostiene que la sociedad no está pagando el precio total de los combustibles fósiles y las emisiones de CO2. Por ello, aboga por la aplicación de fuertes impuestos globales sobre el CO2.

Aquí también olvida algo importante, a saber, que en una escala de tiempo geológica todavía hay muy poco CO2 en la atmósfera (unas 450 ppm), y eso a pesar de todas las emisiones humanas de CO2 (que sólo es un porcentaje de lejos tras la coma). Además, todas las pruebas geológicas demuestran que los niveles de CO2 sólo aumentan cuando suben las temperaturas, y no al revés, como se ha afirmado durante tanto tiempo. Esta mentira se mantiene para conseguir que la población acepte impuestos cada vez más altos y que se les corte el suministro de energía barata.

Incluso si las necesidades energéticas de la humanidad dejaran de aumentar, nuestro planeta no tiene suficiente superficie para construir suficientes molinos de viento y parques solares. Por no hablar de la gigantesca carga de acero y metales raros que se necesitaría, además del hecho de que, especialmente los molinos de viento, tienen una vida útil extremadamente corta (máximo 20 años, la práctica demuestra que los primeros molinos fallan después de unos pocos años. La limpieza de los molinos rotos es también un asunto muy costoso).

El ARN y el ADN sintéticos se utilizan para programar a las personas.

Musk también es un firme partidario del ARN y el ADN programables (sintéticos), que las vacunas Covid-19 ya han inyectado en una gran parte de la población mundial. 'Eso me recuerda a un programa de ordenador'. Si quieres, probablemente puedas detener e invertir el proceso de envejecimiento con él'.

Hemos demostrado que los verdaderos objetivos de la creación de seres humanos "programables" son mucho más siniestros, y parecen estar dirigidos principalmente al control totalitario de la población y del comportamiento, y a la reducción masiva de la población.

Sin embargo, es agradable escuchar por una vez a un alto ejecutivo de renombre que tiene una visión positiva de la humanidad, algo que ciertamente no puede decirse de la secta globalista de la vacuna contra el clima liderada por Klaus Schwab y Bill Gates.

Nuestros otros libros

Consulte nuestros otros libros para ver otras noticias no divulgadas, hechos expuestos y verdades desacreditadas, y mucho más.

Únase al exclusivo Círculo de Medios de Comunicación de Rebel Press.

Todos los viernes recibirás en tu bandeja de entrada nuevas actualizaciones sobre la realidad no denunciada.

Inscríbase hoy aquí:

https://campsite.bio/rebelpressmedia

www.ingramcontent.com/pod-product-compliance
Lightning Source LLC
Chambersburg PA
CBHW061245140726
47998CB00006B/2108